Mit Lust und Liebe COCKTAILS kochen

Geschichten, Tipps, Küchenpraxis und Rezepte aus aller Welt

Von der Kunst der richtigen Mischung

Wer schon einmal bei einem Wettbewerb gelernter Barkeeper zugesehen hat, wird wissen: was da von gut gekleideten Menschen an fantasievollen Getränken aus relativ wenigen Grundzutaten gezaubert wird, bedarf jahrelanger Übung und Berufspraxis. Echte Könner kommen mit wenigen präzisen Handgriffen aus und die Ergebnisse werden immer sofort serviert. Natürlich eiskalt, denn so und nicht anders müssen Cocktails und Longdrinks einfach genossen werden.

Treffen sich mehrere „Barmeister" – so die offizielle Berufsbezeichnung –, dann wird ähnlich wie bei einer Zusammenkunft großer Kochkünstler gearbeitet. Ein wenig Show ist manchmal dabei und man ist darauf bedacht, das eigene Bemühen um verfeinerte flüssige Genüsse im rechten Licht darzustellen.

Beliebt sind solche Vorführungen auch bei Publikumsmessen. Dabei ist schon seit einigen Jahren ganz deutlich ein Trend zu erkennen: Angesagt ist heute vor allem Exotisches, Fruchtiges und Alkoholarmes. Bei den Mixgetränken scheint also eine Entwicklung stattzufinden, die sich jüngst auch bei puren Alkoholika abgezeichnet hat: weg von Hochprozentigem.

Dem wollen auch wir Rechnung tragen und wir gehen sogar noch einen Schritt weiter. Deshalb finden Sie im Rezeptteil eine Reihe alkoholfreier, rassiger, fruchtiger, mitunter auch herberer Drinks, die nicht nur an besonders heißen Tagen eine prächtige Erfrischung abgeben. Ganz abgesehen davon, dass sie genauso interessant komponiert werden wie ihre alkoholhaltigen Verwandten.

Außerdem wollen wir Ihnen einige ungewöhnliche Mixgetränke nicht vorenthalten, die sich nur annäherungsweise an berühmten Vorbildern orientieren. Mit ein oder zwei abweichenden Zutaten wollen sie Ihre Geschmacksnerven aber auf genauso kultivierte Art kitzeln. Denn im Grunde kommt es beim Mischen von Getränken ja darauf an, mit recht beschränkten Mitteln und wenigen Zutaten immer neue Abwandlungen bereits lange bekannter Rezepturen zu kreieren. In ausgezeichneter Qualität natürlich, nicht immer ausgewogen, dafür manchmal mit einem Überraschungseffekt. Neue Liköre, Säfte, Spirituosen lassen sich so gut wie nicht mehr erfinden, außer vielleicht im Labor, also ist Erfindungsreichtum auf anderer Ebene gefragt. Unbestritten bestimmen die Stars der Szene modische Strömungen mit. Sie tragen damit auch dazu bei, den sicher gerechtfertigten Abstand zwischen den Profis hinter der Bar und den Hobbymixern zu wahren. Auch eine Einkaufstour durch einen gut sortierten Getränkemarkt hilft nur wenig, diese Distanz zu überbrücken. Mit wenigen Ausnahmen – Limonade, gemischter Saft und Fruchtnektar sowie seit neuestem auch Radler – gibt es dort zwar alles, das aber stets sortenrein. Aus Dutzenden von Mineralwassersorten, Säften, Bieren ohne und mit Alkohol, Wein, höherprozentigen Likören und hochprozentigen Spirituosen können Sie wählen. Wollen wir indes den Olymp der Mixgetränke erklimmen, indem wir irgendeinen der vielen berühmten Cocktails oder Longdrinks fertig kaufen – weitgehend Fehlanzeige! Zwar werden inzwischen bereits Campari-Soda oder Piña Colada fertig in Portionsfläschchen im Handel angeboten. Sie sollen allerdings wohl in erster Linie dazu dienen, Neulingen dabei zu helfen, ihren persönlichen Geschmack zu finden. Und sie haben im Grunde lediglich den Vorteil, dass in Ihrer Bar zu Hause jahrelang angebrochene Spirituosen- oder Likörflaschen herumstehen. In aller Regel gibt es aber keinen Ersatz für eine absolut frische Zubereitung. Und das ist gut so, denn manches lässt sich einfach nicht in eine Flasche abfüllen und zur Kundschaft bringen. Wer Cocktails und Longdrinks mag, muss sich schon als Gast in einer Bar einfinden – oder sich selbst eine in den eigenen vier Wänden aufbauen und versuchen, fachgerecht in ihr zu arbeiten und alles ganz frisch zu servieren.

Kleine Geschichte der Bars und Cocktails

Blättern wir in der Geschichte ein wenig zurück. Das Urmodell der Bar geht wohl auf einfache Bretterbuden zurück. In jenen Gemischtwarenhandlungen im Nordamerika der Pionierzeit gab es neben Lebensmitteln und Gegenständen fürs tägliche Leben auch Schnaps und andere Alkoholika. Feilgeboten wurde all dies hinter einer Art Schranke – französisch „barre" –, einer Barriere, die den Besitzern notfalls Schutz vor ihrer Kundschaft bot. Oder zumindest dafür sorgte, dass allzu „Benebelte" etwas zum Festhalten fanden.

Der Weg zum englischen „Barroom" war damit nicht weit, das Wort ist bereits in einem Wörterbuch der amerikanischen Umgangssprache von 1807 verzeichnet. Mitte des 19. Jahrhunderts, als in Kalifornien der Goldrausch tobte, erlebten auch die Bars eine erste Blütezeit. Und aus den provisorischen Barrieren wurden massive Theken mit polierten Messingstangen. Und als sich vor etwa hundert Jahren die Stätten verfeinerter Trinkkultur zumindest in Nord- und Mittelamerika etabliert hatten, war der Begriff „American Bar" geboren. Er hat sich bis heute gehalten.

Klassische American Bars wurden danach in Paris, in London, in Singapur, in Wien oder in Zürich eingerichtet. Und in Havanna spielten die Barmixer von Anfang an auf einer exotischeren Klaviatur. So kommen die weitaus meisten flüssigen Kreationen, die sich international durchgesetzt haben, eben aus Nord- und Mittelamerika, Frankreich, England und wenigen anderen Ländern. Eine besondere Rolle spielte die Zeit der Prohibition von 1920 bis 1933, als in den USA die Herstellung, der Transport und der Verkauf von Alkoholika durch Bundesgesetz verboten war. Sollen damals doch mehr Drinks erfunden worden sein als vor dem Verbot.

Eine ganze Reihe von Mixgetränken entstanden auch während der Kolonialzeit, in der Frankreich umfangreiche Gebiete in Übersee beherrschte. Zu den häufigsten Barbesuchern zählten damals wohl fast zwangsläufig die Kolonialoffiziere. Denn wer sonst hätte über genügend Geld und Muße verfügt, um die Kreationen der Barkeeper so richtig genießen zu können.

Natürlich gehörten von Anfang an immer wieder wichtige Persönlichkeiten aus Kunst und Politik zum Stammpublikum bekannter Bars. Denken wir nur an den Schriftsteller Ernest Hemingway oder den Filmregisseur Luis Buñuel. Für sie war die Bar, in der sie bei „ihrem" Barkeeper stets ein offenes Ohr fanden, fast so etwas wie ein zweites Zuhause. Und so wurde manches dieser Lokale durch seine hochkarätigen Gäste – und die, die sich dafür hielten – richtig berühmt.

Doch wie kam der Cocktail eigentlich zu seinen Namen? Wörtlich übersetzt heißt Cocktail einfach „Hahnenschwanz". Im Anschluss an die beispielsweise in Mexiko beliebten Hahnenkämpfe hatte der Besitzer des siegreichen Tiers das Recht, dem getöteten unterlegenen Hahn die bunten Schwanzfedern auszureißen. Beim anschließenden Umtrunk wurde die Trophäe mit einem Drink „on the cock's tail" begossen.

Einer anderen Überlieferung zufolge soll die Wirtin Betsy im amerikanischen Unabhängigkeitskrieg Soldaten mit einem Mixgetränk überrascht haben, an dessen Glas als Dekoration eine Hahnenfeder klebte. Eine andere Version dieser Geschichte besagt hingegen, ein französischsprachiger oder -stämmiger Offizier habe beim Anblick des farbenfrohen Getränks ausgerufen: „Vive le coq's tail!"

Eine andere Legende führt uns ins New Orleans des frühen 19. Jahrhunderts. Dort hatte eine gewisser Monsieur A. Peychaud eine Apotheke eröffnet, in der er nach einem Familienrezept hergestellte „Bitters" verkaufte, die reißenden Absatz fanden und deren Nachfolger – der Angostura- und der Orange-Bitter – bis heute in keiner Bar fehlen dürfen. Damals dienten sie allerdings ausschließlich Heilzwecken und wurden nicht nur in Flaschen verkauft, sondern auch offen ausgeschenkt. So verabreichte Monsieur Peychaud beispielsweise gerne einige Tropfen Bitter in einem Cognac. Getrunken wurde das Ganze aus einem Eierbecher – französisch „coquetier". Und aus dem Coquetier wurde im Laufe der Zeit durch sprachliche Abwandlung der Cocktail.

Über Mengen, Klassiker, Namen und Newcomer

Streng genommen fallen unter Cocktails alle „kurzen“ Drinks mit 5, höchstens 6 cl Gesamtmenge. Wichtigste prägende Zutaten sind eine oder zwei hochprozentige Spirituosen, denen als aromatischer „Pfiff“ ein Bitter oder auch ein Fruchtsaft sparsam beigemengt wird. Als dritter Hauptbestandteil kann ein aromatischer Likör hinzukommen, der auch die Farbe beeinflusst und in jedem Fall genauso sparsam zugemischt werden sollte wie der Bitter oder der Saft.

Die alkoholischen Grundzutaten für Longdrinks sind im Wesentlichen die Gleichen wie bei den Cocktails. Dazu kommen aber so erfrischende, fast durchweg alkoholfreie Getränke wie Tonic Water, Orangensaft oder Sodawasser. Aus der riesigen Auswahl an Longdrinks stellen wir Ihnen hier im Anschluss an die klassischen Cocktails einige der gängigsten vor. Darunter finden sich so klangvolle Namen wie Casablanca, Kir oder Piña Colada. Andere würden sich auch in der Gruppe der Fancy Drinks gut machen: Die Fachsprache sieht in ihnen besonders einfallsreich gemischte oder dekorierte Vertreter innerhalb der an gewagten Mixturen wahrlich nicht armen Palette der Mischgetränke. Doch wie lange gilt ein solch „bunter Vogel“ als fancy und wann nicht mehr? Oft reichen dafür nur ein paar Jahre Gewöhnung aus.

Es gibt Drinks, die sind fester Bestandteil im Repertoire eines jeden guten Barmixers. Sie werden in allen besseren Bars Martini, Manhattan, Gin Fizz, Casablanca oder Sidecar bekommen – in bester Qualität perfekt zubereitet. Allenfalls in Nuancen oder im persönlich bestimmten Mischungsverhältnis werden sich die Klassiker von Lokal zu Lokal unterscheiden.

Manch einem Vertreter des Berufsstandes der Barmeister gelingt es auch heute noch, sich durch eine einfallsreiche Neuschöpfung einen Namen zu machen. Dies ist ja auch ein wichtiger Anlass für die regelmäßigen Wettbewerbe. Nicht wenige Kreationen haben nur ein oder zwei Sommer Hochkonjunktur. Wie in der Mode werden sie zu „In-Getränken“ aufgewertet, geraten jedoch bereits nach recht kurzer Zeit wieder in Vergessenheit. Doch gelegentlich tauchen sie nach Jahren unvermutet wieder auf und erleben eine ungeahnte Renaissance.

Ähnlich verhält es sich mit anderen Getränken, die oft bereits lokale oder regionale Bedeutung haben. Als Beispiel mögen hier der Kir und der Kir Royal gelten: Die beiden Varianten des Longdrinks aus gerade mal zwei edlen Zutaten – dem burgundischen Likör Crème de Cassis aus schwarzen Johannisbeeren und trockenem weißem Burgunder beziehungsweise sehr trockenem Champagner – erfreuen sich in Burgund schon lange großer Beliebtheit und durften in Frankreich auf keinem Empfang fehlen.

Dann bannte in den Achtzigerjahren eine Fernsehserie halb Deutschland vor die Bildschirme. „Kir Royal“ ließ uns alle teilhaben am vermeintlichen Leben, Treiben, Arbeiten, Lieben, nicht zuletzt auch Essen und Trinken der so genannten Münchner Schickeria. Kir Royal gab es zu jeder Gelegenheit, wenn Stars wie Senta Berger, Ruth Maria Kubitschek, Dieter Hildebrandt, Mario Adorf und Franz-Xaver Kroetz zusammentrafen. Das edle Getränk war hinfort auf Jahre hinaus ein Muss bei jedem Empfang, jeder Party in Deutschland. Vielleicht kommt ja bald wieder die Zeit, da alle Welt Kir oder Kir Royal trinken will.

Doch meist wird ein Getränk, das in seiner Heimat zu den Klassikern zählt, nicht durch das Fernsehen oder die Literatur zu einem „Newcomer“. Ist es doch gerade bei uns reisefreudigen Deutschen häufig die Erinnerung an eine herrliche Urlaubsreise und die damit verbundenen Genüsse, die wir auch zu Hause nicht mehr missen möchten, die ein solches Getränk auch bei uns „heimisch“ werden lässt. Man denke hier nur an den Siegeszug der brasilianischen Piña Colada oder des kubanischen Cuba Libre.

44 % vol
ANGOSTURA
AROMATIC BITTERS
PRODUCTO DE TRINIDAD
PRODUCT OF TRINIDAD

Gute Zutaten und das richtige Handwerkszeug

Wenige Flaschen an bestem Alkohol als Grundlage sind ausreichend, um sich Dutzende variantenreicher Drinks selbst zu mixen. Ähnlich verhält es sich mit den alkoholfreien Mixgetränken. Ein preisgekrönter Autor beschrieb in den Siebzigerjahren (unseres Jahrhunderts!), wie sich aus nur vier Flaschen etwa 70 verschiedene Drinks und Cocktails mixen lassen: aus je einer Flasche Gin, Curaçao Triple Sec oder Cointreau sowie je einer Flasche Wermut Dry und Rot. Dazu kommen fürs Aroma Angostura-Bitter und Orange-Bitter in der Spritzflasche, für die frische Würze Zitronensaft, Orangensaft und Grenadinesirup, für die Longdrinks noch Mineral- oder Sodawasser, Tonic, Ginger Ale, Cola oder Bitter Lemon. Auch braucht es keine unübersichtliche Batterie an verschiedenen Gläsern und Geräten, um die kleine, feine Hausbar zu bestücken. Zur Grundausstattung gehören der Mix- oder Schüttelbecher oder Shaker, ein Mix- oder Rührglas, möglichst mit Gießer, ein Rührlöffel mit langem Stiel und ein Barsieb – „Strainer" – mit Drahtspirale. Sie sorgt dafür, dass Eis und Zitronenkerne im Rührbecher zurückbleiben. Mit einem Messglas schließlich lassen sich die Mengenangaben exakt einhalten. Ebenfalls wichtig sind eine Zitronenpresse – hier reicht eine ganz einfache – ein scharfes Messer zum Früchteschneiden, ein Kapselheber und ein guter Korkenzieher. Dazu noch ausgestattet mit einem gut isolierenden Eisbehälter und einer Eiszange können Sie sich bald ans Werk machen.

Empfehlenswert ist sicher, sich anfangs mit einigen wenigen Lieblingsmischungen zufrieden zu geben. Erst wenn die wirklich „sitzen", wagt man sich weiter vor, schaut vielleicht einmal Fortgeschrittenen oder gleich richtigen Profis zu oder hilft anlässlich einer Einladung mit beim Barbetrieb. Und wildes Experimentieren ist erst dann erlaubt, wenn man die Grundfertigkeiten perfekt beherrscht.

Für die kunstvolle Zubereitung von Mixgetränken benötigen Sie eine gewisse Grundausstattung, die wir Ihnen hier vorstellen wollen:

- Den Shaker oder Schüttelbecher verwendet man für alle Mixgetränke, deren Bestandteile sich nur schwer miteinander verbinden.
- Im Mixglas oder Rührglas werden Getränke zubereitet, die nur gerührt werden dürfen. Das Glas fasst etwa einen Liter Flüssigkeit.
- Das Messglas oder der Messbecher hat eine Messskala zum exakten Abmessen der Flüssigkeitsmengen.
- Durch Strainer oder Barsieb seiht man die Flüssigkeiten aus dem Shaker oder dem Mixglas in die vorbereiteten Gläser ab. Das Eis bleibt darin zurück.
- Mit dem langstieligen Löffel, dem Barspoon, werden die Drinks im Mixglas gerührt.

- Die Dash Bottle ist eine kleine Spritzflasche mit einer Vorrichtung zum Dosieren eines Spritzers, eines dash, einer Flüssigkeit.
- Der Eiskübel ist ein Gefäß zur Aufbewahrung von Eiswürfeln. Er sollte möglichst mit einem Siebeinsatz versehen sein, damit das Schmelzwasser von den Eiswürfeln ablaufen kann.
- Zum Herausheben einzelner Eiswürfel benötigt man eine Eiszange.
- Mit dem Eiszerkleinerer oder einem Eishammer lässt sich das Eis auf die gewünschte Größe zerkleinern.
- Zum dekorativen Verzieren der Getränke mit Kirschen, Oliven etc. gibt es Cocktailpicker oder Cocktailspießchen in unterschiedlichen Formen. Außerdem sollten zum erfolgreichen Gelingen einer Party diverse Obst- und Schälmesser, Flaschenverschlüsse und Trinkhalme griffbereit sein.

Da aller Anfang schwer ist, hier einige Tipps, die zum Gelingen Ihrer Cocktails beitragen sollen:

- Achten Sie genau auf die angegebenen Mengen und Mischungsverhältnisse.
- Füllen Sie den Shaker bis knapp zur Hälfte mit Eis, gießen Sie die Zutaten darüber und schütteln Sie das Getränk waagrecht nicht mehr als 10 Sekunden, sonst gibt das Eis zu viel Wasser ab.
- Mixgläser, in denen alle Drinks zubereitet werden, deren Bestandteile sich leicht vermischen, füllt man bis zur Hälfte mit Eis, gießt die Zutaten darüber, rührt mit dem Barlöffel kurz aber kräftig um und seiht das Getränk durch den Strainer ab.
- Achten Sie auf die Angaben über die Beschaffenheit des Eises. Zerstoßenes Eis muss man nicht im Eiszerkleinerer zubereiten, es genügt, wenn man Eiswürfel in ein Tuch einschlägt und mit einem Eishammer zerklopft, bis sie in kleine Stücke zersplittern. Geschabtes Eis sollte man allerdings in einer Eismühle zubereiten.
- Bei gekühlten Getränken, die ohne Eiswürfel serviert werden, sollten auch die Gläser vorgekühlt werden.

Die wichtigsten Spirituosen zum Mixen der Cocktails

Aguardente de cana Pitú ist ein Zuckerrohrschnaps, der in Brasilien gebrannt wird.

Angostura ist ein in kleinsten Abmessungen häufig gebrauchter Bitter.

Apricot Brandy ist ein unter Verwendung von Aprikosensaft und Aprikosenbranntwein hergestellter Fruchtlikör.

Bacardi ist ein leichter weißer Rum.

Brandy, Cognac, Weinbrand sind in allen Weinbau treibenden Ländern in unterschiedlicher Qualität hergestellte Branntweine aus Wein.

Calvados ist ein aus dem Apfelwein der Normandie destillierter Obstbranntwein.

Campari ist ein aus Kräutern, Orangenschalen und Orangenblättern hergestellter Bitter.

Cassis ist ein süßer Likör aus schwarzen Johannisbeeren.

Champagner ist ein Schaumwein und wird aus den roten Pinot- und weißen Chardonnaytrauben des französischen Champagne-Départements hergestellt.

Cherry Brandy ist ein Fruchtlikör, der unter Zusatz von Kirschwasser aus dem Saft von Kirschen hergestellt wird.

Cointreau ist ein Curaçao Triple Sec.

Crème de Cacao ist ein süßer Likör aus Kakao.

Curaçao ist ein Likör mit dem Aroma der ätherischen Öle aus der Schale der grünen Curaçao-Orange. Curaçao Triple Sec ist wasserhell und etwas herber, auch etwas alkoholstärker als der orangefarbene Curaçao Orange.

Gin ist ein Destillat aus neutralem Branntwein und einem aromatischen Ansatz von Wacholderbeeren und Kräutern.

Orange Bitter wird aus der Schale der bitteren Sevilla-Orange hergestellt und zum Aromatisieren von Cocktails verwendet.

Rum ist ein aus Zuckermelasse nach traditionellen, zum Teil sehr unterschiedlichen Verfahren hergestellter Branntwein.

Sekt ist wie Champagner ein Schaumwein, der selbst dann nicht Champagner genannt werden darf, wenn er nach dem gleichen Verfahren hergestellt wurde.

Sherry ist ein spanischer Wein aus der Stadt Jerez de la Frontera.

Tequila ist ein mexikanischer Branntwein aus der Agave.

Vermouth ist ein mit Weindestillat verstärkter Kräuterwein.

Whisky ist ein nach unterschiedlichen Verfahren hergestellter Kornbrannt.

Zu jedem Drink das passende Glas

Zu jedem Drink gehört auch das richtige Glas. Ob dünn- oder dickwandig, ob verengende oder erweiterte Öffnung – die Form wirkt sich auf das Aroma des Getränks aus. Oben sehen Sie eine klassische Gläserauswahl, mit der Sie Ihren Gästen all die Cocktails, Longdrinks oder Shortdrinks, die Sie im Rezeptteil finden, stilgerecht servieren können.

- Cocktailgläser sind schalen- bis kelchförmige Stielgläser für alle Shortdrinks.
- Tumbler gibt es in unterschiedlichen Größen: stiellose, gerade Bechergläser mit dickem Boden oder, in Old-Fashioned-Form, mit sich nach oben erweiternder Öffnung. Die kleinere Ausführung ist als Whiskyglas bekannt, für Whisky, Gin Fizz oder Sours.
- Das höhere, etwas schmalere Longdrinkglas eignet sich für alle Longdrinks, Highballs, Collinses, Slings oder Coolers.
- Likörgläser sind kleinere, zumeist langstielige Gläser in unterschiedlicher Ausführung für Liköre, Knickebeins, ungemischte Schnäpse.
- Sektkelche und -schalen verwendet man für Mixgetränke, die mit Sekt oder Champagner aufgefüllt werden.
- Pousse-Cafe-Gläser sind schmal und hoch. Sie sind für alle Schichtgetränke geeignet.
- Südweingläser nimmt man für spezielle Shortdrinks, Aperitifs und Südweine.
- Ballon- und Schwenkgläser gibt es in verschiedenen Größen für Brandys, Cognacs und Highballs.
- Man sollte stets größere Gläser verwenden, als die Mengenangaben erfordern, denn Cocktailgläser werden nie bis zum Rand gefüllt.
- Tropical Longdrinks mit viel Eis, alkoholfreie Mixgetränke und Milchshakes serviert man am besten in einem becher- oder tulpenförmigen Fancyglas.
- Langstielige, tulpenförmige Weißweingläser eignen sich hervorragend für Fizzes und Crustas.
- Für Bowlen, Punsche, Glühwein und Grog empfehlen sich spezielle hitzebeständige, vielfach mit einem Henkel ausgestattete Bowlen- und Punschgläser.

Früchte und was man sonst noch braucht

Aus frischen, wohl schmeckenden Früchten lassen sich köstliche Cocktails und Getränke kreieren. Pur oder als Beigabe zu Mixgetränken wirken sie äußerst belebend und sind sehr bekömmlich. Hier nun die wichtigsten Früchte von A – Z:

Ananas

Die Ananas ist die Frucht eines tropischen Staudengewächses und kam vermutlich aus Brasilien zu uns. Ihren Namen verdankt sie den Indianern, die sie „nana neant", köstliche Frucht, nannten. Auch wenn das Schälen und Zerkleinern der großen, stacheligen Früchte mit dem süß-säuerlichen Fruchtfleisch etwas mühsam ist, sind sie als Bestandteil tropischer Longdrinks, aber auch als Dekoration aus den Bars nicht mehr wegzudenken.

Banane

Die Banane ist die Frucht einer Staudenpflanze und war ursprünglich vermutlich in Malaysia beheimatet. Ihren Namen erhielt sie von arabischen Händlern, die sie „banan", arabisch Finger, tauften. Die nahrhafte Banane wird meist in Milchshakes verarbeitet, findet aber auch als Likör in den Bars Verwendung.

Erdbeere

Die Erdbeere ist die Frucht einer winterharten Staudenpflanze, die in den gemäßigten Klimazonen Europas, Nord- und Südamerikas heimisch ist. Die aromatischen Früchte eignen sich besonders für Bowlen und Milchshakes oder zum Garnieren von Cocktails und Longdrinks.

Grapefruit

Die ursprünglich vermutlich auf Jamaika beheimatete Grapefruit ist wahrscheinlich eine Kreuzung aus Pampelmuse und Orange oder Bitterorange. Die gelben bis rosafarbenen Früchte mit der dicken Schale wachsen an Bäumen. Das aromatische Fruchtfleisch schmeckt leicht bitter und säuerlich. Die Grapefruit eignet sich vor allem für alkoholfreie Drinks und Bowlen.

Himbeere

Die Himbeere ist eine Strauchfrucht und stammt vermutlich aus Ostasien. Erst seit dem 19. Jahrhundert wird sie in größerem Umfang auch in Europa und Nordamerika angebaut. Die aromatischen Früchte eignen sich besonders gut für Bowlen und Milch-Mixgetränke und werden überdies zu Schnaps und Obstbrannt verarbeitet.

Karambole

Die Karambole oder Sternfrucht findet man noch nicht allzu lange auf unseren Märkten. Die längliche, gelbe Frucht mit der dünnen, wächsernen Schale wächst auf Bäumen und wird weltweit in den tropischen und subtropischen Klimazonen angebaut. Das saftige Fruchtfleisch ist leicht säuerlich und sehr aromatisch. Die Schale ist ebenfalls essbar. Schneidet man die Frucht quer durch, entstehen sternförmige Scheiben – daher auch der Name Sternfrucht –, die gerne zum Garnieren von Cocktails und Longdrinks verwendet werden.

Kirsche

Die Kirsche ist eine Steinfrucht. Der römische Feldherr und Feinschmecker Lucullus soll sie 74 v. Chr. aus dem türkischen Städtchen Kerasos, heute Küresin, mitgebracht haben, vom dem sich auch der Name der Frucht herleitet. Während die zumeist hellroten Süßkirschen zu Kirschwasser verarbeitet werden, macht man aus den dunkelroten Sauerkirschen Liköre. Berühmt ist vor allem der Maraschino-Likör aus der jugoslawischen Maraschka-Kirsche. In Zuckersirup als Cocktailkirschen eingelegt, sind Sauerkirschen darüber hinaus eine beliebte Dekoration für Cocktails und Longdrinks.

Kiwi

Die Kiwi stammt ursprünglich aus China und wird seit Beginn des 20. Jahrhunderts vorwiegend in Neuseeland angebaut. Sie ist die Frucht einer großen, dem Weinstock ähnelnden Kletterpflanze. Kiwis eignen sich besonders gut für Cocktails und Longdrinks mit Wein und Champagner, aber auch für Bowlen und zum Garnieren.

Kokosnuss

Die Kokosnuss ist die Frucht der Kokospalme und war ursprünglich vermutlich in Südostasien und im Pazifischen Ozean beheimatet. Das Fruchtfleisch, das fest an der harten, dunkelbraunen Schale haftet, wird zu Kokosmilch und Cream of Coconut verarbeitet, die gerne für Tropical Longdrinks verwendet werden.

Limette

Die leuchtend grüne Limette gehört zur Familie der Zitrusfrüchte und wächst in allen tropischen Gebieten. Das saftige, aromatische Fruchtfleisch ist sehr sauer. Die Limette darf in keiner gut sortierten Bar fehlen, da ihr Saft wichtiger Bestandteil zahlreicher Cocktails und Longdrinks ist. Limettenscheiben werden überdies gerne zum Garnieren verwendet.

Mango

Die Mango ist die Frucht eines Baumes, der vermutlich in Indien beheimatet ist. Portugiesische Entdecker brachten sie im 18. Jahrhundert nach Brasilien. Die schweren, meist ovalen Früchte haben eine dünne, glatte, grünlich, gelblich oder rötlich gefärbte Schale und einen großen, flachen Kern, an dem das etwas faserige, süße und aromatische Fruchtfleisch fest haftet. Das Schälen und Zerkleinern der Früchte ist deshalb eine ziemlich mühsame und klebrige Angelegenheit. Mangos eignen sich hervorragend für Tropical Longdrinks, alkoholfreie Mixgetränke und Milchshakes.

Melone

Bei uns am häufigsten anzutreffen ist wohl die erfrischende, rotfleischige Wassermelone. Die schweren, meist runden Früchte mit der grünmarmorierten Schale sind in Afrika beheimatet und werden vor allem wegen ihres knackigen, saftigen Fruchtfleischs als Durstlöscher im Sommer geschätzt.

Zuckermelonen erreichen nur ein Drittel des Gewichts von Wassermelonen und haben ein sehr viel aromatischeres, vitamin- und nährstoffreicheres Fruchtfleisch. Zu den bei uns bekanntesten Sorten zählen die längliche, gelbe Honigmelone mit dem hellen, leicht rosa schimmernden Fruchtfleisch und die aus Italien stammende Kantalup- oder Warzenmelone mit dem würzigen, orangefarbenen Fruchtfleisch. Melonen eignen sich hervorragend für sommerliche Bowlen und alkoholfreie Mixgetränke.

Orange

Die ursprünglich in China beheimatete Orange gelangte im 15. Jahrhundert durch die Araber über Persien und Ägypten nach Spanien und Nordafrika und später mit Kolumbus ins heutige Florida. Sie gehört neben Zitrone und Limette zu den Früchten, die in den Bars am häufigsten Verwendung finden.
Aus der Schale der Bitterorange, auch Pomeranze oder Sevilla-Orange genannt, gewinnt man das Bitterorangenöl, mit dem Liköre und Bitter wie Campari, Curaçao, Grand Marnier und Cointreau aromatisiert werden.

Pfirsich

Der Pfirsich stammt ursprünglich aus China und gelangte der Legende nach mit Alexander dem Großen nach Persien. Da man lange Zeit annahm, er sei in Persien beheimatet, nannte man ihn Persica. Pfirsiche haben eine dünne, flaumige, gelbe bis rötliche Schale. Das süße, saftige und aromatische Fruchtfleisch ist fest und weiß bis gelb. Genau wie seine Verwandte, die glatte, eher rötliche Nektarine, ist der Pfirsich eine beliebte Bowleneinlage. Darüber hinaus wird er zu Likören und Schnaps verarbeitet.

Zitrone

Die Zitrone ist wohl die Frucht, die in den Bars am häufigsten, meist als Saft, Verwendung findet. Die Schale dient wie die der Orange vielfach zum Aromatisieren oder, spiralförmig abgeschält, zur Dekoration. Und auch hier gilt es darauf zu achten, dass die Schale unbehandelt ist und vorher gründlich mit heißem Wasser gereinigt wurde.
Die Zitrone stammt ursprünglich vermutlich aus China oder Indien und gelangte im 11. Jahrhundert zunächst mit den Mauren nach Spanien und fand später durch die Kreuzritter in ganz Europa Verbreitung. Sehr beliebt ist die Zitrone auch als Bowleneinlage, in Punschen, Eistees und anderen alkoholhaltigen und alkoholfreien Mixgetränken.

Was man sonst noch braucht

Neben den bereits beschriebenen typischen Barutensilien sollten sie stets auch folgende Küchengeräte und -utensilien griffbereit haben:

- einen Champagnerflaschenverschluss zum festen Verschließen angebrochener Sekt- oder Champagnerflaschen. Er verhindert das Entweichen der Kohlensäure.
- Cocktailspieße aus Holz oder Kunststoff zum Aufspießen von Oliven, Kirschen oder anderen Früchten und Fruchtstücken
- einen elektrischen Mixer zum Pürieren von Früchten, Schlagen von Sahne oder zum Durchrühren und Mischen von Milchshakes und anderen Mixgetränken
- ein scharfes Messer und ein Schneidbrett zum Schneiden von Früchten
- Trinkhalme, möglichst in verschiedenen Farben und Größen, zum Servieren von Longdrinks.

Außer frischen Früchten sollten Sie auch noch diese Zutaten vorrätig haben:

- Gewürze für pikante Fancy Drinks wie Bloody Mary oder Prairie Oyster sowie für Punsche und andere Heißgetränke: Muskatnuss und eine Muskatreibe, Nelken oder Nelkenpulver, Pfeffer, Salz (zum Würzen und für den Salzrand), Selleriesalz, Tabasco, Worcestershire-Sauce, Zimtstangen und gemahlenen Zimt.

- Frische Kräuter und Gemüse zum Garnieren oder für die Zubereitung pikanter Milch-Mixgetränke: Gurke, Minze, Oliven, Perlzwiebeln.

- Milchprodukte für sahnige After-Dinner-Drinks, Milch-Mixgetränke und Kaffeegetränke wie zum Beispiel Irish Coffee: Milch, Sahne, Eiscreme.

Zum Süßen:

- Honig, Zucker (auch für den Zuckerrand), Zucker- und Fruchtsirupe, zum Beispiel Grenadine, Kokossirup, Cream of Coconut und andere mehr.

Neben einer guten Auswahl an Likören, Spirituosen und Fruchtsäften sollten auch die folgenden Softdrinks nicht fehlen:

- Bitter Lemon, Coca-Cola, Ginger Ale, Mineralwasser, Sodawasser, Tomatensaft, Tonic Water.

Angel's Face

- Eiswürfel
- 2 cl Calvados
- 2 cl Apricot Brandy
- 2 cl Gin

CALVADOS-COCKTAIL AUS FRANKREICH

Eiswürfel in den Shaker füllen. Calvados, Apricot Brandy und Gin eingießen, gut durchschütteln und in ein Cocktailglas abseihen.

Nach dem Essen servieren.

Im Juni 1588 war die spanische Armada noch eine stolze Flotte. 130 Schiffe stachen in Lissabon in See, um England jene Niederlage zu bereiten, von der Philipp II. schon längst träumte. Zwei Monate später kehrte nur mehr ein kläglicher Rest der Schiffe zurück. England und der Sturm hatten gesiegt. Auch die stolze „El Calvador" war an den Klippen der normannischen Küste zerschellt. Doch hier blieb zumindest ihr Name zurück: Normandie-Calvador, später Calvados, nannten die Franzosen die Provinz mit den saftigen grünen Wiesen und den vielen Apfelbäumen. Hier erzeugen sie auch ihren Apfelwein, der gebrannt den Namen Calvados erhält.
Calvados, in der Normandie liebevoll Calva genannt, reift in Fässern und erreicht sein ideales Geschmacksalter nach zehn bis fünfzehn Jahren.

LONDON DRY GIN
created to enjoy best quality and flavour
Dry Gin

Batida de Abacaxi

- geschabtes oder gestoßenes Eis
- 2 Scheiben frische Ananas
- 1 TL brauner Zucker
- 5 cl Cachaça (eventuell durch Kornbranntwein ersetzen)
- 1 cl süße Sahne

Zum Garnieren:

1 Ananasdeckel mit seinen Kronblättern

ANANAS-BATIDA AUS BRASILIEN

Einen hohen Tumbler zu einem Drittel mit Eis füllen. Ananasscheiben mit dem braunen Zucker im Mixer pürieren. Cachaça und Sahne zugeben, auf niedriger Stufe ganz kurz durchrühren und das Gemisch über das Eis gießen. Batida de Abacaxi dekoriert man mit einem Ananasdeckel, an dem man die Kronblätter belassen hat, und serviert sie mit einem Trinkhalm.

An heißen Tagen schmeckt sie am besten.

Die Batida, eine Mischung aus Cachaça, dem Zuckerrohrbranntwein und Fruchtsäften, zeugt wohl am besten von der brasilianischen Mentalität. Es gibt ungezählte Batida-Rezepte, doch die köstlichsten stammen aus Salvador, dem früheren Bahia. Hier, wo die von Sklaven abstammenden Bahianer in ihren Candombles die alten afrikanischen Götter der Bantu und Yorubas auf die Erde rufen, spielt die Cachaça eine große Rolle. Sie hilft mit, sich in Trance zu steigern, um sich im Rundtanz zu winden und nur mehr Hülle für die Götter zu sein, die durch den Körper des Mediums tanzen, essen, trinken und Ratschläge geben.

Bloody Mary

- Eiswürfel
- 5 cl Wodka
- 10 cl Tomatensaft
- Saft von 1/2 Zitrone
- 2 Spritzer Worcestershire-Sauce
- 1 Spritzer Tabasco
- Salz
- Pfeffer

FANCY COCKTAIL AUS DEN USA

Eiswürfel in den Shaker füllen, Wodka und Tomatensaft eingießen, mit Zitronensaft, Worcestershire-Sauce, Tabasco, einer Prise Salz und Pfeffer würzen und im Shaker kräftig durchschütteln.

Die Mischung durch den Strainer in einen Tumbler oder in ein Longdrinkglas abseihen und sofort servieren.

Die Bloody Mary empfiehlt sich besonders als „Katerkiller" nach einer durchzechten Nacht.

Die „Blutige Mary" ist eine Kreation des Barkeepers-Ferdinand L. Petiot. In einer langen Winternacht des Jahres 1920 kam er in der Bar des St. Regis Sheraton in New York auf die Idee, Wodka mit Tomatensaft zu mischen. Unter den Gästen – so heißt es – entbrannte ein heftiger Wettstreit über den passenden Namen für das neue Getränk, während Petiot „mit Salz, Pfeffer und Worcestershire-Sauce hantierte, als wollte er ein neues Ketchup mischen". Von Beginn an waren die Namen mehr originell als appetitlich. So hieß der Fancy Cocktail zuerst „Eimer voll Blut", dann „Roter Knallbonbon" und schließlich endgültig „Bloody Mary".

McILHENNY CO.
CONTENTS
57 ml
TABASCO
BRAND
PEPPER SAUCE

Sidecar
Brandy-Cocktail

Sidecar

- ▪ **Eiswürfel**
- 2 cl **Cognac**
- 2 cl **Curaçao Triple Sec oder Cointreau**
- 2 cl **Zitronensaft**

Brandy-Cocktail

- ▪ **Eiswürfel**
- 2 **Spritzer Bitter (Angostura)**
- 2 **Spritzer Zuckersirup**
- 5 cl **Weinbrand oder Cognac**
- 2 **Spritzer Curaçao Triple Sec oder Cointreau**
- ▪ **unbehandelte Zitronenschale**

SIDECAR – COGNAC-COCKTAIL AUS AMERIKA
(links)

■ Eiswürfel in den Shaker füllen. Cognac, Curaçao Triple Sec bzw. Cointreau und Zitronensaft zugießen, kurz, aber kräftig schütteln. Das Getränk durch das Barsieb in ein Cocktailglas abgießen. Man kann dazu auch ein Kelchglas oder eine Cocktailschale nehmen.

■ Der Sidecar ist ein After-Dinner-Cocktail.

Sidecar ist der klassische Cognac-Drink. Er soll von Frank Meier, dem Chef aller Ritz-Bars, erfunden worden sein.
Es gibt dazu aber auch andere Geschichtchen: Einmal verdankt er seinen Namen einem genussfreudigen Pariser Lebenskünstler, der sich im Beiwagen von Bar zu Bar kutschieren ließ. In einer anderen Version war es ein US-Captain im Ersten Weltkrieg, der sich in einer Pariser Bar jeden Abend einen Drink nach eigenem Rezept bestellt haben soll. Für den Heimweg orderte der Amerikaner stets eine Ordonnanz. Und die fuhr immer mit einem Motorrad mit Beiwagen vor.

BRANDY-COCKTAIL AUS AMERIKA
(rechts)

■ Ein Becherglas zu einem Drittel mit Eis füllen. Bitter, Zuckersirup, Weinbrand oder Cognac und Curaçao Triple Sec bzw. Cointreau zugeben. Mit Zitronenschale abspritzen und umrühren.

■ Den Brandy-Cocktail reicht man am späten Nachmittag zur „blauen Stunde".

Jerry Thomas schrieb das erste Drinkbuch im Jahre 1862. Es enthielt dieses Rezept – Vorläufer oder Variante des Sidecar.
Nur ein kleines Streiflicht zum Thema Cognac: Um die Stadt Cognac im Westen Frankreichs erstreckt sich die Charente, das einzige Herkunftsgebiet des berühmten goldgelben Getränks. Hier in der Nähe des Golfs von Biscaya spielen Klima und Boden optimal zusammen, um die Reben wachsen zu lassen, aus deren Weinen durch doppelte Destillation der Cognac gewonnen wird.

Buccaneer

- Eiswürfel
- 1 cl Kokosmilch
- 3 cl dunkler Rum
- 2 cl heller Rum
- 1 cl Curaçao Triple Sec
- 1 cl Limettensaft
- 3 cl ungesüßter Ananassaft

TROPICAL LONGDRINK VON DEN VIRGIN ISLANDS

Eiswürfel in den Shaker geben. Kokosmilch, Rum, Curaçao, Limettensaft und Ananassaft darüber geben, kurz schütteln, in einen mit Eiswürfeln gefüllten hohen Tumbler abseihen und sofort mit einem Trinkhalm servieren.

Den Buccaneer reicht man als After-Dinner-Drink.

Aus der Masse der Piraten, der buccaneers, die auf den karibischen Jungferninseln ihre Schlupfwinkel bezogen, ragte Francis Drake ganz besonders heraus. Mit seiner „Golden Hind" raubte er den Spaniern ihr Gold und machte sich selbst und seine Königin ungemein reich.

LDEN JAMAICA RUM
LEMON
HART
RUM
TRIPLE SEC
CURAÇAO
Liqueur
BOLS

Maracuja Sunrise Caipirinha

Maracuja Sunrise

- · Eiswürfel
- 1 cl Limettensaft
- 3 cl Maracujasirup
- 3 cl Gin
- 1 unbehandelte Limettenscheibe zum Garnieren

Caipirinha

- 1 unbehandelte Limette
- 1–2 Barlöffel brauner Zucker
- 4 cl Cachaça
- · gestoßenes Eis

MARACUJA SUNRISE – TROPICAL LONGDRINK AUS BRASILIEN

(links)

Das Eis in den Mixbecher füllen. Limettensaft, Maracujasirup und Gin zugießen, 10 Sekunden gut durchschütteln und das Getränk durch das Barsieb in ein Cocktailglas seihen. Mit einer eingeschnittenen, an den Glasrand gesteckten Limettenscheibe garnieren.

Auch wenn der Name etwas anderes vermuten lässt, wird der Maracuja Sunrise als After-Dinner-Drink serviert.

Brasilien ist die Heimat dieses Cocktails, der streng nach der Mengendefinition und den Zutaten schon fast als „kurzer" Longdrink gelten kann. Wir bekommen Maracujas oder Passionsfrüchte heute problemlos auch bei uns, pur als Frucht und in verarbeiteter Form als Saft und Sirup.

CAIPIRINHA – TROPICAL LONG-DRINK AUS BRASILIEN

(rechts)

Die Limette waschen, trockentupfen, vierteln oder achteln und die Hälfte der Frucht in einem großen Old-Fashioned-Glas oder Tumbler mit Zucker überstreuen. Die Frucht mit einem Holzstößel oder mit dem Barlöffel ausdrücken. Den Cachaça zugießen, die restlichen Limettenviertel oder -achtel zugeben, den Drink mit gestoßenem Eis auffüllen und gut durchrühren.

Den erfrischenden Caipirinha kann man zu jeder Tageszeit genießen.

Wieder sind wir in Brasilien, nun aber bei dem sehr beliebten weißen Zuckerrohrschnaps gelandet. Cachaça ist seit dem 17. Jahrhundert bekannt und wird besonders im Nordosten des riesigen Landes, im Bundesstaat Pernambuco mit der Hauptstadt Recife, auch unter der Bezeichnung Agûardente de Cana destilliert. Dazu gärt der Saft des noch grünen Zuckerrohrs etwa drei Wochen lang in Kupfer- oder Holzfässern, wird dreimal aufgekocht und erreicht so die richtige Konzentration

PITÚ
41% vol
CACHAÇ

Casablanca

- ▪ **Eiswürfel**
- 4 cl **weißer Rum**
- 4 cl **Ananassaft**
- 4 cl **Kokosmilch**
- 1 cl **Grenadine**

Zum Garnieren:

- 1/4 **Ananasscheibe**
- ▪ **Cocktailkirschen**

TROPICAL LONGDRINK AUS MAROKKO

Eiswürfel, Rum, Ananassaft, Kokosmilch und Grenadine im Shaker gut durchschütteln und das Getränk in ein bauchiges Rotweinglas (oder Burgunderglas) abseihen.

Die frische Ananasscheibe einkerben und am Glasrand befestigen. Kirschen auf ein Cocktailspießchen stecken und das Spießchen an der Ananasscheibe befestigen.

Casablanca trinkt man zu jeder Tageszeit, nur nicht unmittelbar vor dem Essen.

Rick's Café Americain, später Rick's Bar, den berühmten Nachtclub aus dem Film „Casablanca“, gibt es nicht mehr. Auch die Melodie „As Time Goes By“ ist längst verklungen. Humphrey Bogart und Ingrid Bergman sind uns jedoch mit diesem Film, der längst ein Leinwandklassiker ist, in Erinnerung geblieben. Die Uraufführung von „Casablanca“, einem schillernden, sentimentalen Melodram um Intrige und Liebe, Verzicht und Patriotismus, fand in den Tagen einer wichtigen anglo-amerikanischen Konferenz in Casablanca statt. Und zum perfekten Timing gehörte auch ein perfekter Drink. Der Casablanca hat den Niedergang von Rick's Bar überdauert.

BERGMAN

Cuba Libre

- Eiswürfel
- Saft von 1/2 Zitrone
- 5 cl Bacardi (oder ein anderer leichter weißer Rum)
- 12 cl Coca-Cola

Zum Garnieren:

- 1 Zitronenscheibe

FANCY DRINK AUS KUBA

Eiswürfel (oder etwas gestoßenes Eis) in einen großen Tumbler füllen. Zitronensaft und Rum darüber gießen und mit Coca-Cola auffüllen. Mit einer Zitronenscheibe garnieren und mit einem Trinkhalm servieren.

Ein Drink für heiße Nachmittage oder warme Abende.

Als Havanna für US-Touristen noch den Ruf eines fröhlichen Sündenbabels hatte, wurde der Cuba Libre erfunden. Damals gingen nicht nur Kubaner und Amerikaner, sondern auch der leichte, weiche Bacardi-Rum und Coca-Cola eine Verbindung ein, die manch einem zu Kopfe stieg. Wohl bezog sich das „freie Kuba" auf die Befreiung von den Spaniern, doch mit der Freiheit hatte man in Kuba schon immer seine Probleme. Don Facundo Bacardi, der Erfinder des qualitätsvollsten Insel-Rums, verknüpfte die Lebensdauer seiner ersten Brennerei mit einer Palme. Solange sie ihre Krone stolz tragen würde, orakelte er, würde auch die Brennerei bestehen. 1960 verstaatlichte Fidel Castro den gesamten Bacardi-Besitz. Die Palme ging ein und Don Facundos Nachkommen übersiedelten nach Puerto Rico.

PARIS 1889
CARTA BLANCA
RUM
Ron
Super
CONTENTS 70 CL.
BUFFALO 1901
MEDALS

Golden Pineapple

- Eiswürfel
- 100 ml frisch gepresster Ananassaft
- Saft von 1/2 Limette
- 3 cl Grand Marnier

Zum Garnieren:

- 1 Scheibe Ananas
- 1 Blüte

ANANAS-LONGDRINK AUS TAHITI

4–5 Eiswürfel in einen großen Tumbler legen, Ananas- und Limettensaft, dann Grand Marnier zugießen und durchrühren. Aus einer Ananasscheibe einen kleinen Kreis schneiden, sodass er ins Glas passt, einlegen, eine Blüte auflegen und mit einen Cocktailschirmchen servieren.

Golden Pineapple genießt man abends oder zur „blauen Stunde“.

La ora na: Die tahitianischen Grußformeln klingen nach Liebesgeflüster in einer fremden Sprache, nach schmeichelndem Palaver unter Palmen: „Lasst uns leben, lieben, tanzen, singen, feiern...“. Golden Pineapple trinkt man beim Tamaaraa, wenn zum Klang der Rosenholztrommeln die gegarten kleinen Schweinchen, Hühner, Fische, Krevetten, die Bananen, die Süßkartoffeln, Tarowurzeln und Brotfrüchte aus der Tiefe des Erdofens geholt werden und wenn beim Tanz um die Tafel die Blütenkronen ihren Duft verströmen. Man kann Golden Pineapple natürlich auch ohne Tamaaraa und ohne Grand Marnier trinken, doch der Grand Marnier ist eben jener Schuss Frankreich, der die Südseeinsel seit langem prägt.

Kangaroo

- Eiswürfel
- 4 cl Wodka
- 1 cl trockener Vermouth
- 1 Spritzer Zitronensaft

Zum Garnieren:
- 1 Zitronenscheibe

WODKA-COCKTAIL AUS AUSTRALIEN

Eiswürfel in ein Mixglas geben. Wodka und Vermouth zugießen, gut durchrühren und das Ganze durch den Strainer in ein Cocktailglas abseihen. Ein paar Tropfen Zitronensaft darüber spritzen. Zitronenscheibe einschneiden, an den Rand des Cocktailglases klemmen und das Getränk servieren.

Kangaroo genießt man als Before-Dinner-Cocktail.

So kam das Känguruh auf den Wodka: Als eine Boing in Canberra landen wollte, benützte gerade ein Känguruh die Landebahn für sein Hüpftraining. Der Pilot war gezwungen, seine Maschine über der Hauptstadt kreisen zu lassen, bis das Tier den Weg frei machen würde. Doch vergeblich: Das Känguruh machte keinerlei Anstalten, dem seltsamen, lauten Vogel aus dem Weg zu springen. Der Pilot gab auf und flog nach Sydney zurück. Den vergeblichen Vertreibungsversuchen des Flughafenpersonals schenkte das Känguruh keinerlei Beachtung. Erst einer bereitgestellten Schüssel voll Wodka konnte es nicht widerstehen. Es löschte seinen Durst, wurde müde und konnte eingefangen werden. Die Maschine aus Sydney landete dann sicher mit zweistündiger Verspätung.

Mango Eldorado

1	kleine reife Banane
▪	Eiswürfel
1 cl	Mangolikör
2 cl	Limettensaft
4 cl	Rum

Zum Garnieren:

1	Limettenscheibe

TROPICAL LONGDRINK AUS GUYANA

Banane im Mixer pürieren. Eiswürfel in den Shaker füllen, Bananenpüree, Mangolikör, Limettensaft und Rum zugeben, gut durchschütteln und durch den Strainer in ein zu einem Drittel mit Eiswürfeln gefülltes Longdrinkglas abseihen. Mit einer Limettenscheibe garnieren.

Mango Eldorado ist der ideale Longdrink für nachmittags oder abends.

Jahrtausende hindurch wuchs der Mangobaum nur in Südasien, ehe die Portugiesen ihn von Kontinent zu Kontinent, von Indien nach Afrika und von Afrika nach Südamerika verpflanzten. Nun gibt es grüne, gelbe, rote, längliche, runde und ovale Mangos. Welche dieser apfelähnlichen Früchte man jedoch auch kostet: Sie haben große Kerne, die sich nur schwer aus dem Fruchtfleisch lösen und sie sind so saftig, dass es beim Essen gelegentlich nur so spritzt. Eine Erfahrung, von der auch der rasende Reporter Egon Erwin Kisch aus seinem mexikanischen Exil berichtete. Für ihn war die Mango deshalb nichts für feine Leute und er empfahl, sie am besten nachts, nackt im Meerwasser einer lauschigen Bucht sitzend, zu genießen.

Manhattan

- · **Eiswürfel**
- 2,5 cl **Whisky**
- 2,5 cl **Vermouth**
- 1 **Spritzer Angostura**

Zum Garnieren:

- 1–2 **Cocktailkirschen**

WHISKY-COCKTAIL AUS DEN USA

Eiswürfel in ein Mixglas füllen, Whisky, Vermouth und Angostura zugießen, mit dem Barlöffel gut verrühren und durch den Strainer in ein Cocktailglas abseihen. Mit ein bis zwei auf ein Cocktailspießchen gesteckten Kirschen servieren.

Manhattan ist ein beliebter Aperitif.

Richard Burton sagte einmal, der beste Manhattan käme aus Curd Jürgens' Pferdekrippe. Ein Zeugnis, dem man die Kennerschaft nicht absprechen dürfte. Tatsächlich hatte Jürgens in seinem schlossähnlichen Anwesen in St. Jean am Cap Ferrat eine ehemalige Futterkrippe zur Bar umbauen lassen. Sie entsprach den Dimensionen, die Jürgens angemessen erschienen. An dieser „Tränke" riesigen Ausmaßes fanden sich viele prominente Zeitgenossen ein: Wernher von Braun und die Karajans, Aristoteles Onassis und Frank Sinatra, die Burtons und Brigitte Bardot mit ihren jeweiligen Begleitern. Als Jürgens das Haus verkaufte, um in das kleine, verschachtelte Felsennest Vence zu übersiedeln, waren schon tausende von Manhattans aus der Pferdekrippe geflossen.

Margarita

- Eiswürfel
- 1 Limonenscheibe
- etwas Salz
- 4 cl Tequila
- 1 cl Curaçao
- 1 cl Limonensaft

TEQUILA-COCKTAIL AUS MEXIKO

Ein Cocktailglas kühlen, den Rand des Glases mit der eingeschnittenen Limonenscheibe befeuchten und sofort in das auf einen flachen Teller geschüttete Salz tauchen, sodass etwas Salz haften bleibt. Eiswürfel in den Shaker füllen, Tequila, Curaçao und Limonensaft kurz aber kräftig schütteln und das Getränk durch den Strainer in das Cocktailglas abseihen.

Margarita als Aperitif oder After-Dinner-Drink servieren.

Wer jemals in Mexico City war, weiß, dass man die besten Margarita-Cocktails in der Bar „La Opera" trinkt. Das wusste anscheinend auch der berühmte Rebell und mexikanische Robin Hood Francisco „Pancho" Villa. Stolz zeigt man heute noch die Einschussstellen seiner Kugeln, die er beim Sturm auf den Saloon abfeuerte. Die Basis der Margarita-Cocktails ist Tequila, der vergorene, zuckerhaltige Saft der blauen Agave. Der Tequila ist eine Erfindung der Nahua-Indianer und war schon zu Zeiten Montezumas das Getränk der Azteken. Die Margaritas oder Margueritas, wie sie in Mexiko heißen, sind verfeinerte Varianten der Tequilas.

Martini Dry

- ▪ Eiswürfel
- 5 cl Gin
- 1 cl trockener Vermouth

Zum Garnieren:

- 1 Olive (nicht gefüllt und nicht in Öl eingelegt)

GIN-COCKTAIL AUS DEN USA

Große Eiswürfel in ein Mixglas legen. Gin und Vermouth zugießen, mit dem Barlöffel kurz durchrühren und die Mischung durch den Strainer in ein gekühltes Cocktailglas abseihen. Mit einer Olive dekoriert servieren.

Besonders gut als Aperitif geeignet.

Martini Dry ist der Lieblingsaperitif von James Bond. Der smarte Held aus der Feder des Schriftstellers Ian Fleming trinkt als Secret Agent 007 seinen Martini am liebsten ganz besonders „trocken“. Dry heißt in diesem Falle: sehr viel Gin trifft auf möglichst wenig Vermouth. So unterscheiden sich auch alle Martinirezepte durch das Mischungsverhältnis, bis hin zum Martini, „der Vermouth-Duft nur eingeatmet hat“. So – beinahe nur aus purem Gin – liebte Fleming seinen Martini. Er gab sich als Kenner aus, doch umso lauter erhoben sich die Stimmen der Kritiker: Sein James Bond lässt die Martini Cocktails nämlich im Shaker und nicht im Mixglas zubereiten. Der ganze Berufsstand der Barkeeper fühlte sich dadurch gekränkt.

Mary Pickford

- ▪ gestoßenes Eis
- 4 cl Ananassaft
- 1 Spritzer Grenadine
- 1 Spritzer Maraschino
- 4 cl weißer Rum

Zum Garnieren:

- 1/4 Ananasscheibe
- 1 Cocktailkirsche

RUM-COCKTAIL AUS KUBA

▪ Eis in den Shaker füllen, Ananassaft, Grenadine, Maraschino und Rum zugießen, kräftig schütteln und die Mischung durch den Strainer in ein großes, gut vorgekühltes Cocktailglas (am besten in eine Cocktailschale) abseihen. Ananasviertel und Kirsche auf einen Cocktailspieß stecken und den Cocktail damit garnieren.

▪ Den Drink nach dem Essen reichen.

Eigentlich hieß sie Gladys Marie Smith und wurde im kanadischen Toronto geboren. Doch das unschuldige junge Mädchen des amerikanischen Stummfilms machte als Mary Pickford eine Weltkarriere. In Amerika erzählt man häufig, der Cocktail mit ihrem Namen sei zur Geburtstagsfeier der United Artists Corporation, die sie mit ihrem Gatten Douglas Fairbanks, Charlie Chaplin und D. W. Griffith gegründet hatte, kreiert worden. Doch das ist nur eine Legende. Der Cocktail wurde auf Kuba, im „goldenen Zeitalter der Cocktails“, als die USA durch das Prohibitionsgesetz „trockengelegt“ waren, erdacht.

GIROLAMO LUXARDO 1821
EXCELSIOR
TRADE MARK
LIQUEUR
Pr. Fabbrica "Excelsior"
GIROLAMO LUXARDO
IN TORREGLIA (PADOVA)

Mojito

1 TL	Zucker
3	Minzeblätter
▪	Saft von 1/2 Limette
4,5 cl	weißer Rum
2 EL	geschabtes Eis
1	Zweig Minze
2 cl	Sekt
▪	Soda zum Auffüllen

Zum Garnieren:

1	Limettenscheibe

RUM-COCKTAIL AUS KUBA

Zucker, Minzeblätter und den Limettensaft in einen Tumbler geben, Rum und Eis hinzufügen und gut umrühren. Einen kleinen Minzezweig einstellen. Sekt zugießen und mit Soda auffüllen. Den Mojito mit einer Limettenscheibe garnieren.

Der Cocktail empfiehlt sich besonders nachmittags und abends.

In der Bodeguita del Medio in Havanna wurde diese Variation des Daiquiri schon um die Jahrhundertwende erfunden. Die Bodeguita gibt es heute noch, an der Wand hängen die alten Bilder und Postkarten. Hier kreisen die Gedanken um Vergangenes, denn in der Bodeguita del Medio saß einst Ernest Hemingway und trank seinen Mojito, ehe er allabendlich ins berühmte Restaurant La Floridata überwechselte. Will man der Legende glauben, so haben zwei Techniker aus den Kupferminen in der kubanischen Provinz Oriente 1895 zum ersten Mal Rum, Zucker, Limettensaft und Eis zu einem Drink gemischt, den sie nach dem Nachbardorf Daiquiri nannten.

Negroni

2–3 kleine Eiswürfel
3 cl Campari
3 cl Cinzano Rosso
2 cl Gin

Zum Garnieren:
1 Orangenscheibe

CAMPARI-COCKTAIL AUS ITALIEN

Eiswürfel in einen kleinen Tumbler legen, Campari, Cinzano und Gin darüber gießen, gut durchrühren und mit einer Orangenscheibe garnieren.

Den Negroni als Aperitif servieren.

Der wunderschön rubinrote Campari Bitter wurde erstmals im Jahre 1867 in einem Mailänder Keller aus aromatischen Kräutern und Orangenschalen erzeugt. Damit gelang dem Cafetier Caspare Campari der große Wurf. Bis heute blieb das Rezept geheim und im Besitz der Familie.

Piña Colada

- gestoßenes Eis
- 5 cl weißer Rum
- 5 cl Ananassaft
- 2 cl süße Sahne
- 2 cl Coconut Cream

TROPCAL LONGDRINK AUS PUERTO RICO

Einen Teil des Eises in den Shaker füllen, Rum, Ananassaft, Sahne und Coconut Cream zugießen, gut durchschütteln und die Mischung in ein Longdrinkglas geben, das zuvor zu einem Drittel mit Schabeis gefüllt wurde. Sofort mit 1–2 Trinkhalmen servieren.

Piña Colada trinkt man nachmittags und abends.

Wer einmal im karibischen Raum Piña Colada getrunken hat und den Genuss in europäischen Bars wiederholen möchte, ist zumeist tief enttäuscht. Das Getränk verliert mit der Entfernung an Reiz und Originalität. Viel zu viel ist bereits an den Colada-Rezepten herumexperimentiert worden. Und mit dem Schabeis hat ohnedies jeder Schwierigkeiten: Wer besitzt hier schon noch einen Eisblock und hat die Geduld, das Eis in feinen Spänen abzuschaben? Auch wenn sie nach diesem Originalrezept aus Puerto Rico zubereitet wird, bleibt die so heiß geliebte Piña in Europa immer nur ein annähernd gutes Getränk. Das liegt nicht nur am Eis, sondern auch an der Coconut Cream, die nicht ganz dem Original entspricht.

Pisco Sour

- Eiswürfel
- 3 cl Pisco
- 2 cl frisch gepresster Orangensaft
- 2 cl Zitronensaft
- 1 TL Ananassaft

Zum Garnieren:

- 1 Zitronenscheibe
- 1 Orangenscheibe

PISCO-LONGDRINK AUS PERU

Eiswürfel in den Shaker füllen, Pisco, Orangen-, Zitronen- und Ananassaft hinzufügen und so lange schütteln, bis sich der Shaker mit einer feinen Eisschicht überzieht. Die Mischung dann durch einen Strainer in einen kleinen Tumbler abseihen. Mit je einer Zitronen- und Orangenscheibe garnieren.

Pisco Sour kann als Aperitif, jedoch auch rund um die Uhr angeboten werden.

Pisco, der in hohen, altperuanischen Gefäßen angeboten wird, ist ein Branntwein aus Muskatellertrauben, die im Ica-Tal nahe der Hafenstadt Pisco am Pazifischen Ozean wachsen. Das Destillat wird in porösen Tongefäßen gelagert, wo es hell und klar bleibt und von denen es nach der Reife in die originellen Gefäße umgefüllt wird. Das Originalrezept des Pisco Sour stammt aus Pisco Pueblo: In den alten, im Kolonialstil gebauten Häusern mit den schönen Patios, unter prächtigen Bäumen, wird er als erfrischendes „Herrengetränk“ getrunken. Obwohl Pisco auch in Chile und Argentinien hergestellt wird, kommt der Original-Pisco aus Peru.

Pisco
PISCO PURO GENUINO
PRODUCTO PERUANO
QUIMICA SUIZA

Saratoga Cooler

- Eiswürfel
- 2 cl Gin
- 2 cl trockener Vermouth
- 2 Barlöffel Grenadinesirup
- 2 Barlöffel Zitronensaft
- Ginger Ale zum Auffüllen

GINGER ALE-LONGDRINK AUS DEN USA

Eiswürfel in den Shaker füllen, Gin, Vermouth, Grenadinesirup und Zitronensaft zugießen und kräftig schütteln. Das Gemisch durch den Strainer in einen Tumbler abseihen und mit eiskaltem Ginger Ale auffüllen.

Den Saratoga Cooler serviert man nachmittags oder abends.

Coolers zählen zu den erfrischenden Longdrinks und sind mit den Fizzes entfernt verwandt, auch wenn hier anstelle des Sodawassers Ginger Ale Verwendung findet. In Saratoga hätten die Briten tatsächlich einst ein Schlückchen zur Abkühlung der Gemüter vertragen können. Nahm in dem Dörfchen im Staate New York, das in die Geschichte einging, der amerikanische Unabhängigkeitskrieg doch seine entscheidende Wende, als sich 1777 der britische General J. Burgoyne den Amerikanern ergab und damit die britische Kapitulation von 1781 einleitete. Ginger Ale, die auf Ingwer-Basis hergestellte, mit Kohlensäure versetzte Limonade, gab es in den Tagen von Saratoga allerdings noch nicht. Doch kann man den patriotischen Stolz jenes amerikanischen Barmixers verstehen, der diesem Cooler den geschichtsträchtigen Namen gab.

Singapore Sling

- fein zerkleinertes Eis
- Saft von 1/2 Limette
- 4 cl Gin
- 2 cl Cherry Brandy
- 1 Spritzer Angostura
- Sodawasser

Zum Garnieren:

- 1 Orangenscheibe
- 2 Cocktailkirschen

GIN-LONGDRINK AUS SINGAPUR

Einen großen Tumbler zur Hälf te mit zerkleinertem Eis füllen, den Saft der halben Limette darüber gießen, Gin, Cherry Brandy und Angostura hinzufügen und gut umrühren. Mit etwas Sodawasser auffüllen, die halbierte Orangenscheibe und die Kirschen auf ein Cocktailspießchen stecken und das Getränk damit garnieren.

Mit einem Trinkhalm vor oder nach dem Essen servieren.

Singapur ist in allen Bereichen von Jahr zu Jahr moderner geworden. Doch das 1886 erbaute Raffles Hotel blieb „very British". In der Grand Old Lady of the East waren die Erzähler Joseph Conrad, Somerset Maugham, Rudyard Kipling und auch Noël Coward zu Gast. Sie saßen in der Weiter's Bar, die es noch heute gibt, und tranken Singapore Sling auf der Basis des heimatlichen Gin. Längst war der Gin, ein Enkel des holländischen Genever, durch einen eigenen Gin Act im britischen Parlament zu einem noblen Getränk hochstilisiert worden. Wer etwas auf sich hielt, trank ihn.

Tequila Sunrise
Tom Collins

Tequila Sunrise

- gestoßenes Eis
- 5 cl Tequila
- 1 cl Zitronen- oder Limettensaft
- 1–2 cl Grenadine
- 10 cl frisch gepresster Orangensaft

Zum Garnieren:

- 1 unbehandelte Limettenscheibe

Tom Collins

- 4 fein gestoßene Eiswürfel
- Saft von 1/2 Zitrone
- 1 Barlöffel Zuckersirup
- 5 cl Dry Gin
- Sodawasser zum Auffüllen

Zum Garnieren:

- 1 unbehandelte Zitronenscheibe

TEQUILA-LONGDRINK AUS DEN USA

(links)

Einen großen Tumbler zu einem Drittel mit Eis füllen. Tequila, Zitronen- oder Limettensaft und Grenadine zugießen. Einen Moment stehen lassen und anschließend mit Orangensaft auffüllen. Vorsichtig umrühren und mit einer Limettenscheibe garniert servieren.

Tequila Sunrise ist gleichermaßen als Before- wie als After-Dinner-Drink geeignet.

Tequila, der mexikanische Schnaps aus Agavensaft, hat eine lange, ein wenig verschlungene Geschichte, für die der Geschmack der Spanier mit verantwortlich ist. Aus vielen Agavenarten destillierte man nach langen Versuchen den Mezcal, der allmählich in ganz Mexiko Verbreitung fand. Berühmtheit wegen seiner außerordentlichen Güte erlangte dabei schon früh der Mezcal aus dem Dorf Tequila nordwestlich von Guadalajara.

GIN-LONGDRINK AUS ENGLAND

(rechts)

Eis, Zitronensaft, Zuckersirup und Gin in einem großen Tumbler verrühren. Mit Sodawasser auffüllen, mit einer Zitronenscheibe garnieren und mit einem Trinkhalm servieren.

Den Tom Collins genießt man am besten zu später Abendstunde.

Collinses werden nicht im Shaker geschüttelt, sondern unmittelbar im Glas – am besten einem Tumbler oder hohen Longdrinkglas – zubereitet.
An dem Zitronensaft, den sie reichlich enthalten, hätte der englische Weltumsegler James Cook seine helle Freude gehabt. War er doch stets um die Gesundheit seiner Leute auf den jahrelangen Seereisen bemüht. Von 1795 an bekam deshalb auf sein Betreiben hin jeder britische Seemann eine Tagesration Zitronensaft. Die Matrosen erhielten damals den Spitznamen limeys, der sich teilweise bis heute gehalten hat.

Tequila Puerto Vallarta

Als Hollywood die mexikanische Mismaloya-Bucht an der Pazifikküste entdeckte, war es um die Ruhe des verträumten Fischerdorfes geschehen. Die Filmstadt schickte die schönen und wilden Stars Ava Gardner und Richard Burton in die postkartenschöne Einsamkeit, um den Film „Die Nacht des Leguan" zu drehen. Schauspieler und Filmteam arbeiteten, feierten und tranken sich durch die tropischen Nächte. Sie veränderten das bescheidene Dorf und zwangen ihm ihren Lebensrhythmus auf. Damals wurde angeblich auch dieser Tequila-Longdrink erfunden, am selben Tag, an dem man die wunderschöne Playa de los Muertos den Stars zuliebe in Playa Delicias, den „Strand der Wonnen" umtaufte.

- gestoßenes Eis
- 4 cl Tequila
- 1/2 TL Limettensaft
- 1 cl Grenadine
- 5 cl frisch gepresster Orangensaft

Zum Garnieren:

- 1 Limettenscheibe

TEQUILA-LONGDRINK AUS MEXIKO

Einen großen Tumbler zu einem Drittel mit Eis füllen. Tequila, Limettensaft und Grenadine zugießen. Etwa eine Minute stehen lassen und anschließend mit Orangensaft auffüllen. Vorsichtig umrühren und mit einer Limettenscheibe garnieren.

Tequila Puerto Vallarta als Before- oder After-Dinner-Drink servieren.

MEXICO

Bellini

- **4 Eiswürfel**
- **2 cl Pfirsichpüree**
- **1 cl Apricot Brandy**
- **▪ Champagner zum Auffüllen**

CHAMPAGNER-COCKTAIL AUS ITALIEN

■ Eiswürfel in den Shaker füllen, Pfirsichpüree und Apricot Brandy zugeben, kurz schütteln, die Mischung durch den Strainer in einen Champagnerkelch abseihen und mit eiskaltem Champagner auffüllen.

■ Der Bellini-Cocktail ist ein Before-Dinner-Drink.

Der berühmte Maler Giovanni Bellini und sein großer Schüler Tiziano Vecellio würden, gingen sie durch Venedigs Calle Vallaresso, wohl erstaunt und vielleicht verärgert ihre Namen auf der Karte von Harry's Bar wiederfinden. Beiden bliebe nur der Trost, dass man die berühmtesten Champagner-Cocktails in der berühmtesten Bar der Lagunenstadt nach ihnen benannt hat.

Dublin Refresher

2 **Eiswürfel**
10 cl **trockener Portwein**
10 cl **Ginger Beer**

PORTWEIN-LONGDRINK AUS IRLAND

Eiswürfel in ein Bierglas legen. Portwein zugießen, mit einem langstieligen Löffel umrühren und mit eiskaltem Ginger Beer auffüllen. Sollte das britische Ginger Beer nicht zur Verfügung stehen, kann man auch Ginger Ale verwenden.

Dublin Refresher trinkt man nachmittags und abends.

Ginger Beer, verwandt mit Ginger Ale, ist ein alkoholfreies, prickelndes Getränk. Die Erfindung dieses – durchaus nicht alkoholfreien – Getränks ist der Legende nach einigen Männern aus Dublin zu verdanken. Eines Tages, so wird erzählt, strandete auf wunderbare Weise ein Fässchen aus Portugal an der Einmündung des Liffey in der Dublin Bay. Die wackeren Männer bargen es unter größten Mühen, öffneten es und rochen Portwein. Da sich bereits eine große Menschenmenge angesammelt hatte, hätte jeder nur einen Schluck des edlen Tropfens kosten können, und so entschloss man sich, den Südwein aus dem Douro-Tal mit Ginger Beer zu mischen. Der Trank fand allseits Anklang, man mischt ihn noch heute. Allerdings hat sich im Laufe der Zeit der Portweinanteil erheblich vergrößert.

GENUINE
GEGR. 1783
700 ml
MIT INGWERAUSZUG
IN LIZENZ DER
INTERNATIONAL LTD., LONDON
GMBH, HAMBURG

Kir und Kir Royal

2 cl **Crème de Cassis**
6 cl **trockener weißer Burgunder**

BURGUNDER-LONGDRINK AUS FRANKREICH

Crème de Cassis in ein Weißweinglas gießen, mit gut gekühltem Wein auffüllen und vorsichtig umrühren. Kir Royal wird ebenso zubereitet, doch anstelle von Wein nimmt man einen sehr kalten, sehr trockenen Champagner.

Kir und Kir Royal sind Aperitifs.

Die Wiege des Kir stand im burgundischen Dijon. Eigentlich konnte sie nur dort stehen, denn nach französischem Selbstverständnis hätten Traube und Johannisbeere an keinem anderen Flecken dieser Erde eine so perfekte Verbindung eingehen können.
Während die Mönche von Citeaux die burgundischen Weine schon im 12. Jahrhundert berühmt machten, schmückten sich die Herzöge mit dem Titel „Unmittelbare Herren der besten Weine der Christenheit“. Die schwarzen Johannisbeeren von den Anhöhen der Bourgogne fanden zwar keinen Eingang in die herzogliche Eitelkeitsnomenklatur, doch die Crème de Cassis aus Dijon weckte ebenfalls schwärmerischen Überschwang. Es war also nur eine Frage der Zeit, bis die beiden edlen Tropfen zueinander finden konnten. Für Burgund bezeichnend: Der Kir erhielt seinen Namen nach einem stellvertretenden Bürgermeister der Stadt Dijon.

Mint Julep

- 2 kleine Zweige Krauseminze
- 2 TL Zucker
- fein gestoßenes Eis
- 2 Spritzer Angostura
- Champagner zum Auffüllen

Zum Garnieren:

- 1 Zweig Minze
- Cocktailkirschen

CHAMPAGNER-LONGDRINK AUS DEN USA

Minzzweige in einen großen Tumbler stellen und mit Zucker bestreuen. Den Saft mithilfe eines Löffels aus den Minzzweigen drücken und die Minze entfernen. Das Glas zu einem Drittel mit gestoßenem Eis füllen. Angostura hinzugeben und mit Champagner auffüllen. Den Julep mit Krauseminze und Cocktailkirschen garnieren.

Mint Julep mit Trinkhalm als Aperitif oder After-Dinner-Drink servieren.

Juleps sind die Longdrinks des amerikanischen Südens. Sie sind in den schönen, weißen, im Kolonialstil gebauten Häusern Virginias entstanden. Man saß auf großen Terrassen hinter mächtigen Säulen und schlürfte an heißen Sommertagen die kühlen, nach Minze duftenden Longdrinks. Man bekommt die Krauseminze jederzeit frisch auf Märkten oder in gut geführten Läden. Man kann sie aber auch leicht selber im Garten oder in Balkonkästen ziehen. Minze gedeiht am besten an verhältnismäßig feuchten, kühlen und schattigen Plätzen.

Sherry Sangaree

- fein gestoßenes Eis
- 6 cl trockener Sherry (Fino)
- 1 TL Zuckersirup
- Eiswasser zum Auffüllen

Zum Garnieren:

- etwas geriebene Muskatnuss

SHERRY-LONGDRINK AUS SPANIEN

Einen großen Tumbler zu einem Viertel mit gestoßenem Eis füllen, Sherry und Zuckersirup eingießen und gut verrühren. Tumbler mit eisgekühltem Wasser auffüllen. Etwas Muskatnuss darüber reiben.

Mit einem Trinkhalm an heißen Tagen nachmittags oder abends servieren.

Mit unnachahmlicher Grandezza und unter Zuhilfenahme der venencia, eines langen Schöpfstabs mit silbernem Becher, schenken die Kellermeister im spanischen Jerez de la Frontera den Sherry in die tulpenförmigen Gläser. Etwa einen Meter sollte der edle Wein aus Andalusien frei durch die Luft fließen, ehe er im Glas seine besondere Blume entwickeln kann. Man braucht dazu „zehn Jahre Übung, die Strategie eines Generalstäblers und die Kühnheit eines Artisten", behauptet Spanienkenner James A. Michener. Wer es probiert, wird ihm zustimmen. Am besten kommt man einmal zur Fiesta de la Vendimia nach Jerez. Die Weinlese findet jedes Jahr am 8. September statt.

Pink Delice

Nachmittags und abends servieren.

British Columbia erhebt Anspruch auf das Originalrezept für diesen erfrischenden Longdrink, denn „nur Himbeeren, die Gletscherluft und Pazifikluft gleichzeitig geatmet haben", entwickeln das nötige unvergleichliche und unverzichtbare Aroma. Lassen Sie sich nicht entmutigen, auch heimische Himbeeren haben ein köstliches Aroma. Allerdings müssen sie pflückfrisch sein. Und auch beim Himbeersirup darf man nur beste Qualität verwenden.

- **Eiswürfel**
- 8–10 **frische Himbeeren**
- 2 cl **Himbeersirup**
- 2 cl **Himbeergeist**
- 2 **Spritzer Orange Bitter**
- **Sekt zum Auffüllen**

Zum Garnieren:

- 1 **Orangenscheibe**
- 2–3 **Himbeeren**

FANCY DRINK AUS KANADA

Eiswürfel in einen Tumbler legen und die Himbeeren darüber schichten. Himbeersirup, Himbeergeist und Orange Bitter zugeben und gut, aber vorsichtig durchrühren. Mit eisgekühltem Sekt auffüllen. Orangenscheibe einschneiden, an den Glasrand klemmen und die Himbeeren mit einem Cocktailspießchen daran feststecken.

Agua de Valencia

- ▪ Eiswürfel
- 5 cl Cointreau
- 5 cl Wodka
- 10 cl frisch gepresster Orangensaft
- 20 cl Sekt
- ▪ Zucker

Zum Garnieren:

- ▪ Orangenscheiben

COINTREAU-GETRÄNK AUS SPANIEN

In einer Glaskaraffe zuerst gleiche Teile Cointreau und Wodka mischen. Mit Orangensaft auffüllen und den Sekt dazugießen. Mit Zucker süßen, umrühren und die Eiswürfel hinzugeben. In Gläser füllen und mit Orangenscheiben garnieren.

Agua de Valencia kann man zu jeder Tageszeit genießen.

Hinter Valencias Mauern erstmals im Cafe Madrid kreiert, trat diese berühmte Rezeptur ihren Siegeszug durch die spanischen Bars an. In Valencias ausschweifender Cafe- und Kneipenszene hat das Agua einen festen Platz. Das Cafe Paris hat sich ganz auf die Agua-Herstellung spezialisiert. Einwohner aus Barcelona und Madrid pilgern nach Valencia, um sein sprichwörtliches Nachtleben – und das Agua – zu genießen.

Pfirsichbowle mit Himbeeren

750 g	Pfirsiche
250 g	Himbeeren
3	Flaschen Rosé- oder Weißwein
1	Flasche Sekt

WEISSWEINBOWLE AUS ITALIEN

Die Pfirsiche mit kochendem Wasser übergießen, dann in kaltes Wasser tauchen. Die Schale abziehen, den Kern entfernen und die Früchte in Spalten schneiden. Die Himbeeren verlesen, waschen und abtropfen lassen. Mit dem Wein auffüllen und 30 Minuten zugedeckt kühl stellen. Vor dem Servieren mit dem gekühlten Sekt auffüllen.

Die fruchtig-frische Pfirsichbowle eignet sich hervorragend für sommerliche Gartenfeste.

Um das Aroma der Bowle nicht zu verderben, sollte sie keinesfalls mit Mineralwasser aufgegossen werden. Auch sollte man Bowle nicht mit Sekt oder Wein „verlängern“; wenn sie zur Neige geht, lieber den Abend mit Wein oder Sekt beschließen.

Sangria

Die erfrischende Sangria kann man zu jeder Tageszeit genießen.

Für Sangria sollte am besten ein nicht zu schwerer spanischer Rotwein, z.B. Rioja, verwendet werden. Damit man auch den „festen" Inhalt der Bowle so richtig genießen kann, schneidet man die Früchte in kleine mundgerechte Stücke, die man gut auf die kleine Bowlengabel spießen kann – deshalb auch keine zu weichen, überreifen Pfirsiche nehmen.

- **1 kg** Pfirsiche
- **8 cl** Cointreau
- **4 cl** Gin
- **4 cl** Noilly Prat
- **2** unbehandelte Orangen
- **1** unbehandelte Zitrone
- **3** säuerliche Äpfel
- etwas Zitronensaft
- **2** Liter Rotwein
- **2** Flaschen Sekt

ROTWEINBOWLE AUS SPANIEN

Die Pfirsiche überbrühen, häuten, entsteinen und in Würfel schneiden. Mit Cointreau, Gin und Noilly Prat begießen. Etwa 2 Stunden kühl stellen. Orangen und Zitrone schälen und in Scheiben schneiden. Die Äpfel schälen, die Kerngehäuse entfernen und das Fruchtfleisch klein schneiden. Mit Zitronensaft beträufeln, damit es nicht braun wird. Alle Früchte zu den Pfirsichen geben, den Wein zugießen und wieder kühl stellen. Vor dem Servieren mit Sekt auffüllen.

Teebowle mit Sommerfrüchten

1	Liter gekühlter, starker schwarzer Tee
125 g	frische Erdbeeren
125 g	Pfirsiche
2 3 EL	Zucker
1	Flasche Rotwein
1	Flasche Sekt

WEINBOWLE AUS ENGLAND

■ Erdbeeren von Stielen und Blättern befreien und halbieren, Pfirsiche überbrühen, schälen, entsteinen und in dünne Scheiben schneiden. Die Früchte in ein Bowlengefäß geben und mit dem Zucker bestreuen. Mit eiskaltem Tee, Rotwein und Sekt aufgießen.

■ Die Teebowle schmeckt zu jeder Tageszeit.

Wie kaum ein anderes Getränk kann eine gelungene Bowle zugleich erfrischen und anregen, geselligkeitsfördernd wirken und beschwingen, ohne einen schweren Kopf im Gefolge zu haben. Letzteres allerdings nur dann, wenn die Bowle nicht nur mit Liebe, sondern auch mit Sachverstand und Erfahrung zusammengestellt wurde. Als Bowlenwein verwendet man eine gute Mittelqualität – keinen Spitzenwein, aber auch keinen so genannten „Bowlenwein“ in der Literflasche.
Dieses sommerliche Bowlenrezept lässt sich beliebig abwandeln. Verwenden Sie beispielsweise andere als die angegebenen Früchte, verstärken Sie den Alkoholgehalt mit Gin, Calvados oder Obstler. Rotwein und Sekt dürfen in diesem Fall nicht zu trocken sein, damit das Getränk nicht zu herb schmeckt.

Zitrusbowle

- Eiswürfel
- 4 unbehandelte Orangen
- 1 Liter Orangensaft
- 2 Zitronen
- 5 EL Zucker
- 2 Flaschen Mineralwasser

Zum Garnieren:

- Zitronenscheiben
- Zucker

ALKOHOLFREIE BOWLE AUS SPANIEN

Die Orangen waschen, abtrocknen und in Scheiben schneiden. Orangen mit dem Orangensaft und dem Saft der Zitronen in ein Bowlengefäß geben. Den Zucker darüber streuen. Die Bowle an einen kühlen Ort stellen, bis sich der Zucker aufgelöst hat. Mit dem eisgekühlten Mineralwasser auffüllen und eventuell Eiswürfel zugeben. Vor dem Servieren den Rand der Gläser befeuchten und in Zucker drehen. Die Gläser mit Zitronenscheiben verzieren.

Die erfrischende Zitrusbowle schmeckt zu jeder Tageszeit und eignet sich auch für Kinderfeste.

Zitronen wurden schon früh als Würzmittel verwendet. Und dass sie ausgesprochen reich an Vitamin C sind, weiß heute jedes Kind. Beim Einkauf sollten Sie darauf achten, möglichst frische Früchte zu erhalten. Was den Saftgehalt anbelangt, so gilt als Faustregel, dass relativ schwere Früchte auch mehr Saft ergeben.

Air Jeruk

- **2–3** **große Orangen**
- **3 TL** **Zucker**
- **1/4** **Stange Zimt**
- **3** **Gewürznelken**

Zum Garnieren:

- **etwas geriebene Muskatnuss**

HEISSES ORANGENGETRÄNK AUS INDONESIEN

Orangen auspressen, den Saft mit Zucker, Zimt und Gewürznelken kurz aufkochen und 10 Minuten ziehen lassen. Saft in ein feuerfestes Glas abseihen, mit geriebener Muskatnuss bestreuen und servieren.

Air Jeruk schmeckt zu jeder Tageszeit.

Man muss einmal versuchen, in sehr heißen Ländern heiße Fruchtsäfte zu trinken und man wird sie in Zukunft allen anderen Erfrischungsgetränken vorziehen. Sie „nehmen der Hitze den Stachel und der Sonne die Glut, sie nehmen der Schwüle die Last und der Luft die Atemlosigkeit", heißt es in einem indonesischen Gesundheitsbuch. Und weiter: „Das Aroma von Muskatblüten und der Wohlgeruch vom Holz der Aloe senken die Liebe in die Herzen der Dürstenden." Mangels Muskatblüten und Aloeholz ist der Liebestrank zwar unvollständig, er schmeckt jedoch ausgezeichnet.

Coconut Dream

- · Eiswürfel
- 10 cl süße Sahne
- 1 cl Schokoladensirup
- 4 cl Coconut Cream

Zum Garnieren:

- 1 TL Schokoladenraspeln

TROPICAL LONGDRINK AUS MALAYSIA

Eiswürfel in den Shaker füllen, Sahne, Schokoladensirup und Coconut Cream zugießen, gut schütteln und die Mischung durch den Strainer in eine Kokosnussschale abseihen. Mit Schokoladenraspeln garnieren und mit einem Trinkhalm servieren.

Das Getränk lässt sich auch in einem Mischglas zubereiten und schmeckt zu jeder Tageszeit.

Dieser Tropentraum ist ein herrliches Erfrischungsgetränk für Jung und Alt. Besonders gut eignet es sich aber für Kinderpartys, vor allem, wenn man sich die Mühe macht, es in Kokosnussschalen zu servieren.

Eistee

- Eiswürfel
- 1 Liter Wasser
- 12 TL sehr starker schwarzer Tee
- Zucker
- Zitronensaft

ERFRISCHUNGSGETRÄNK AUS DEN USA

Den Tee nach Belieben zuckern und mit Zitronensaft abschmecken. Hohe Gläser zu zwei Dritteln mit Eiswürfeln füllen und den heißen Tee darüber gießen. Durch die Schockwirkung bleiben Wirkstoffe, Aroma, Geschmack und Farbe voll erhalten.

Der erfrischende, belebende Eistee ist zu jeder Tageszeit ein Genuss.

Das ist nicht einfach kalter Tee, sondern eine traditionelle Zubereitung mit eigener Story. 1904 fand im amerikanischen St. Louis eine Weltausstellung statt. Für den Ausstellungsstand der Teehändler war der Engländer Richard Blechynden zuständig. Er sollte die an chinesischen Grüntee gewöhnten „Yankees“ zu indischem Schwarztee bekehren. Deshalb hielt er eine Menge Proben bereit. Von denen wollte aber niemand etwas wissen, weil es in St. Louis heiß war und nur kalte Getränke gefragt waren. Als das Geschäft überhaupt nicht lief, kam Blechynden auf die Idee, den fertig aufgebrühten Tee über Eiswürfel zu gießen und als Erfrischungsgtränk anzubieten. Damit hatte der Teehändler durchschlagenden Erfolg – und Eistee setzte sich schnell in den ganzen Vereinigten Staaten durch und ist bis heute ein Renner geblieben. Und seit er mit Minze, Zitrone, Himbeere oder Pfirsich verfeinert im Handel angeboten wird, konnte er noch mehr Freunde gewinnen.

Golden Sunset

- gestoßenes Eis
- 12 cl Grapefruitsaft
- 2 cl Limettensaft
- 1 Barlöffel Zuckersirup
- 2 cl Grenadinesirup

GRAPEFRUIT-LONGDRINK AUS PUERTO RICO

Einen Teil des Eises in den Shaker füllen, Grapefruitsaft, Limettensaft, Zuckersirup und Grenadinesirup zugießen und kräftig schütteln. Ein Longdrinkglas bis zu einem Drittel mit gestoßenem Eis füllen und die Mischung aus dem Shaker darüber seihen.

Mit einem Trinkhalm nachmittags oder abends servieren.

Puerto Rico, die kleinste Insel der Großen Antillen, gilt als Heimat der Grapefruit. Nachweislich wurden die Früchte – Verwandte der Pampelmuse – dort erstmals 1750 geerntet. Ihr Name wird damit erklärt, dass Grapefruits nicht wie Orangen oder Zitronen einzeln in den Zweigen hängen, sondern dicht beieinander in großen Fruchtständen wachsen, die mit einiger Fantasie als Riesentrauben bezeichnet werden könnten. Grapefruits, deren bitter-säuerlicher Saft reich an Vitamin C ist, werden seit rund hundert Jahren in den USA großflächig kultiviert.

GRENADINE

Horchata de Melon

·	Eiswürfel
200 g	geschälte, entkernte Melone
1 TL	Zucker
1 TL	Zitronensaft
1/8 Liter	Wasser

MELONENGETRÄNK AUS VENEZUELA

■ Das Fruchtfleisch der Melone im Mixer pürieren, mit Zucker und Zitronensaft abschmecken und mit etwa 1/2 Liter Wasser (je nach Melonenart und Saftmenge) verdünnen. Kalt stellen, Eiswürfel einlegen und in einem schönen Becherglas oder einer großen Cocktailschale servieren.

■ Das Melonengetränk kann man zu jeder Tageszeit genießen.

Will man sich nur rasch einen Erfrischungsdrink zubereiten, sollte man dazu eine große Scheibe Wassermelone nehmen. Will man jedoch Gäste damit verwöhnen, so sollte man mit Farben zaubern: mit dem orangefarbenen Fruchtfleisch der Ananasmelone, mit dem gelben der Kantalupe, mit dem grünen Fruchtfleisch der Honigmelone und mit dem roten der Wassermelone. Je ein bis zwei Gläser von jeder Sorte machen den Tisch einer Gartenparty zum absoluten Blickfang.

Jogurt-Drink

10 g	Butter
1 EL	frisch geriebenes Kokosmark, Kokosflocken oder -raspeln
200 g	Jogurt
½	sehr reife Banane
½ TL	frische Minze
4 cl	Mineralwasser

JOGURT-DRINK AUS INDIEN

Die Butter erhitzen, das grob geriebene Fruchtfleisch der Kokosnuss kurz durchrösten und abkühlen lassen. Jogurt, Kokosfleisch, Banane und Minze in den Mixer geben und gut durchmischen. Das Gemisch in ein Longdrinkglas füllen und mit eisgekühltem Mineralwasser aufgießen. Kurz durchrühren und sofort servieren.

Der Drink wird nach, eventuell auch zum Essen gereicht.

Diese herrliche, recht nahrhafte Mischung heißt in der Originalversion Kela ka Rayta, allerdings wird sie hier nicht mit Mineralwasser „gestreckt". Eigentlich dienen die – etwas festeren, zäherflüssigen – Raytas in Indien als Begleitung der Hauptspeisen, und zwar vorwiegend in der vegetarischen Küche. Später kam man auf die Idee, mithilfe von zusätzlicher Flüssigkeit ausgezeichnete Erfrischungsgetränke daraus zu machen.

Karkadé

Karkadé trinkt man rund um die Uhr.

200 g getrocknete Karkadéblüten
150 g Zucker
- Schale von 1 unbehandelten Zitrone

Zum Garnieren:
- einige Blätter frische Minze

BLÜTENGETRÄNK AUS KUWAIT

Trockenblüten eine Stunde in 1 Liter lauwarmem Wasser einweichen, anschließend Zucker und Zitronenschale beigeben und etwa 20 Minuten lang aufkochen. Auskühlen lassen. Die Flüssigkeit durch ein dünnes Baumwolltuch filtern und den Auszug mit 1 Liter kaltem Wasser verdünnen. In den Kühlschrank stellen und eiskalt in vorgekühlte Gläser gießen. Zum Schluss frische Minzeblätter einlegen.

Ein gewaltiger Ölsegen verwöhnt das Emirat Kuwait, doch die Hitze, die aus der Wüste Ad Dibdiba herüberweht, lässt sich auch mit Geld – zumindest im Freien – nicht mindern. So spielen alkoholfreie Erfrischungsgetränke eine große Rolle. Das belebende Karkadégetränk, das entweder aus wild wachsenden Hibiskus- oder echten Karkadéblüten hergestellt wird, fehlt in keinem wohlhabenden Haus. Stets serviert ein Diener das Getränk in einer dickbauchigen, gehämmerten Messingkanne, die mit einem Gürtel aus Eis umgeben ist. Die rubinrote Flüssigkeit glänzt im Glas wie edler Wein und erfrischt ganz wunderbar. Die getrockneten Blüten sind bei uns in Reformhäusern erhältlich.

Kräutermilch-Varianten

Kräuter-Buttermilch

- **8** Zweige frische Kräuter wie Petersilie, Schnittlauch, Dill, Basilikum oder Sauerampfer
- **1** Liter Buttermilch
- **1 EL** Zitronensaft
- Salz
- weißer Pfeffer
- geriebene Muskatnuss

Variante:

- **¼** Salatgurke
- **1** Liter Buttermilch
- **½** Bund Dill
- **1 EL** Zitronensaft
- Salz
- weißer Pfeffer
- Macis

Kräutermilch

- **8** Zweige frische Kräuter wie Petersilie, Kerbel, Dill, Pimpinelle, Schnittlauch
- **¾** Liter Milch
- **¼** Liter Trinkjogurt
- Salz
- weißer Pfeffer
- **2 EL** Tomatenketchup

KRÄUTER-BUTTERMILCH

(links)

Die Kräuter waschen, trockentupfen, die Blättchen von den Stielen zupfen und hacken. Die Buttermilch mit Zitronensaft, Salz, Pfeffer und Muskatnuss verrühren. Die Kräuter unterziehen und sofort servieren.

Variante

Ein Stück Gurke abschneiden und so anschneiden, dass ein Rädchen oder Stern entsteht. In 4 Scheiben schneiden. Den Rest der Salatgurke schälen, in Stücke schneiden und mit Buttermilch, Dill und Zitronensaft in den Mixer geben. Mit Salz, Pfeffer und Macis würzen und mit Gurkenscheiben und Dillzweig garniert servieren.

Macis, der rote fleischige Samenmantel der Muskatnuss, ist in gut sortierten Gewürzhandlungen und Asienläden erhältlich. Der Geschmack ist feiner und etwas bitterer als der der Muskatnuss.

KRÄUTERMILCH

(rechts)

Die Kräuter waschen, trockentupfen, die Blättchen von den Stielen zupfen und bis auf den Schnittlauch mit Milch und Jogurt im Mixer pürieren. Mit Salz, Pfeffer und Tomatenketchup abschmecken und mit den klein geschnittenen Schnittlauchröllchen bestreuen.

Die pikanten Milch-Mixgetränke schmecken besonders gut zu einem kleinen Imbiss am Vormittag oder zum Abendbrot.

An heißen Sommertagen ist jedes der drei Getränke rasch zubereitet und der wunderbaren, alkoholfreien und auch sättigenden Art, den Durst zu löschen, steht nichts mehr im Wege.

Orangendrink
Orangen-Cocktail

Orangendrink

- ▪ **Saft von 2 Orangen**
- 6 cl **Apfelsaft**
- 6 cl **Mineralwasser- oder Sodawasser**
- 1 **unbehandelte Orangenscheibe**

Orangen-Cocktail

- ▪ **Eiswürfel**
- 3 cl **Orangensaft**
- 2 cl **Zitronensaft**
- 2 cl **Grapefruitsaft**
- ▪ **Zucker**
- ▪ **Paprikapulver**
- ▪ **abgeriebene Schale von 1 unbehandelten Orange**

ORANGENDRINK
(rechts)

Die Orangen auspressen, den Saft in einen Tumbler gießen, mit kaltem Apfelsaft und Mineralwasser auffüllen und mit der Orangenscheibe garnieren.

Der alkoholfreie Orangendrink eignet sich hervorragend für eine sommerliche Kinderparty.

Für dieses Rezept sollten Sie eine möglichst saftige Orangensorte verwenden. Das Auspressen der Früchte bereitet – sollten Sie nicht über eine elektrische Zitruspresse verfügen – zwar ein bisschen Mühe und sorgt für klebrige Finger, doch der frische Genuss ist kaum zu übertreffen.

ORANGEN-COCKTAIL

Die Fruchtsäfte – wenn möglich frisch gepresst – in einem Rührglas vermischen. Nach Geschmack mit Zucker oder Honig und mit einem Hauch Paprikapulver würzen. Einige Eiswürfel hinzufügen, alles im Mixbecher kräftig schütteln, durch das Barsieb in Cocktailgläser gießen, mit der Orangenschale bestreuen und servieren.

Der pikant abgeschmeckte Orangen-Cocktail ist etwas für laue Sommerabende.

Ein Hauch Paprika verleiht diesem ungewöhnliche Cocktail den besonderen Pfiff. Überraschen Sie Ihre Gäste, etwa bei einer Gartenparty, doch einmal mit dieser außergewöhnlichen Kreation. Sie werden damit gewiss für Aufsehen sorgen!

Prairie Oyster

- ½ TL **Olivenöl**
- 3 TL **Tomatenketchup**
- 2 TL **Worcestershire-Sauce**
- 1 **Spritzer Zitronensaft**
- 1 **Eigelb**
- **Salz**
- **Pfeffer**
- **Paprikapulver**

FANCY DRINK AUS DEN USA

Das Öl über die Innenwände eines Cocktailglases fließen lassen und alle Zutaten nacheinander in das Glas geben. Dabei darauf achten, dass das Eigelb ganz bleibt und nicht zerfließt. Die Zutaten nicht verrühren. Die Prairie Oyster wird ohne Eis serviert, man kann das gefüllte Cocktailglas jedoch vor dem Servieren kurze Zeit in den Kühlschrank stellen.

Idealer Drink nach einer durchgezechten Nacht.

Die Prairie Oyster ist das Ernüchterungsgetränk für den Zeitpunkt der Reue nach einer langen Nacht, wenn die Floskel „nie wieder Alkohol“ leicht über die Lippen geht. Die Oyster hat mit einer Auster nichts zu tun. Man trinkt sie auch nicht langsam und mit Genuss, sondern kippt sie – wie eine Medizin – mit einem Schluck hinunter.

Rosenscherbett

50 g	Rosenblätter
3	Stück Würfelzucker
2	Tropfen Rosensirup
½ TL	Zitronensaft

EISGETRÄNK AUS ASERBAIDSCHAN

■ Rosenblätter gut waschen, in eine emaillierte Kasserolle legen und mit kaltem Wasser bedecken. Gut zudecken und bei kleiner Flamme langsam erhitzen. Sobald das Wasser zu kochen beginnt, vom Feuer nehmen und in der geschlossenen Kasserolle abkühlen lassen.

■ Anschließend die Flüssigkeit vorsichtig durch ein Tuch in eine zweite Kasserolle abseihen, den Zucker dazugeben und das Rosenwasser erhitzen, bis sich der Zucker aufgelöst hat.

■ Bei geschlossenem Deckel abkühlen lassen. Das abgekühlte Rosenwasser mit Rosensirup und Zitronensaft vermischen, in ein Glas gießen. Das Getränk in das Eiswürfelfach des Kühlschranks stellen und leicht anziehen lassen.

■ Ein erfrischendes Getränk für heiße Tage, das man rund um die Uhr genießen kann.

Die Heimat dieses fantasievollen Getränkes, das leichter und dünner als ein herkömmliches Sorbet ist, liegt in Aserbaidschan. Hier hat man Rosensirup immer vorrätig. Um ihn herzustellen, legt man an sonnigen Tagen gesammelte Rosenblätter in ein Glasgefäß, bedeckt die Blätter gut mit Puderzucker und lässt sie dann 10 Tage in der Sonne stehen. Der abgesonderte Saft wird vorsichtig durch ein Tuch geseiht, in eine Flasche gefüllt, gut verschlossen und bleibt so bis zu einem Jahr haltbar.

Die Rezepte alphabetisch

Bildquellen:
alle Bilder Sigloch Edition/Bildarchiv
Rezeptbilder: Hans Joachim Döbbelin
Landschaftsbilder: Achim Sperber

Internet: www.sigloch.de
Bildarchiv Internet: www.sigloch-edition-bildarchiv.com

Printed in Latvia.
Druck und Bindung: Preses Nams Corp. Jana seta Printing Group
Papier: 150g/m² UPM Finesse 300 holzfrei matt,
UPM Kymmene Fine Paper GmbH, Dörpen
ISBN: 3-89393-277-1